Das Ende
Kriegszerstörungen im Rheinland

Kunst und Altertum am Rhein

Führer des
Rheinischen Landesmuseums Bonn

Herausgegeben im Auftrage des
Landschaftsverbandes Rheinland
Nr. 114

Dank
Besonderer Dank gilt Heinrich Böll, der zwei Texte zur Verfügung stellte. Hermann Claasen, Friedrich Riehl und Hans J. Scheurer halfen mit Auskünften und Anregungen bei der Gestaltung des Katalogs.
Bei Wolfgang Burgmer, Ingo v. Conta, Reinhard Lohmann, Ursula Werner, Fritz Wrede und Gisela Zimmermann bedanken wir uns für finanzielle Hilfe beim Druck des Katalogs.

Titelseite
Köln, Wallrafplatz, Ecke Hohe Straße

Rückseite
Düren, Innenstadt

Hermann Claasen

Das Ende
Kriegszerstörungen im Rheinland

mit zwei Texten
von Heinrich Böll

1983
Rheinland-Verlag GmbH, Köln
in Kommission beim
Verlag der Buchhandlung
Walther König, Köln

Rheinisches Landesmuseum Bonn
Ausstellung 30. 1.—6. 3. 1983

Ausstellung und Katalog
Jan Thorn-Prikker

Redaktion: Jan Thorn-Prikker
Layout: Peter Hützen
Herstellung: Publikationsstelle des
Landschaftsverbandes Rheinland
Lithos: Peukert, Köln
Druck: Druckhaus B. Kühlen, Mönchengladbach
ISBN 3-7927-0715-2

Inhalt

Heinrich Böll: Nach dem Krieg

Mein Schwarzhändler ist jetzt ehrlich geworden; ich hatte ihn lange nicht gesehen, schon seit Monaten nicht, und nun entdeckte ich ihn heute in einem ganz anderen Stadtteil, an einer verkehrsreichen Straßenkreuzung. Er hat dort eine Holzbude, wunderbar weißlackiert mit sehr solider Farbe; ein prachtvolles, stabiles, nagelneues Zinkdach schützt ihn vor Regen und Kälte, und er verkauft Zigaretten, Dauerlutscher, alles jetzt legal. Zuerst habe ich mich gefreut; man freut sich doch, wenn jemand in die Ordnung des Lebens zurückgefunden hat. Denn damals, als ich ihn kennenlernte, ging es ihm schlecht, und wir waren traurig. Wir hatte unsere alten Soldatenkappen über der Stirn, und wenn ich gerade Geld hatte, ging ich zu ihm, und wir sprachen manchmal miteinander, vom Hunger, vom Krieg; und er schenkte mir manchmal eine Zigarette, wenn ich kein Geld hatte; ich brachte ihm dann schon einmal Brotmarken mit, denn ich kloppte gerade Steine für einen Bäcker, damals.

Jetzt schien es ihm gut zu gehen. Er sah blendend aus. Seine Backen hatten jene Festigkeit, die nur von regelmäßiger Fettzufuhr herrühren kann, seine Miene war selbstbewußt, und ich beobachtete, daß er ein kleines, schmutziges Mädchen mit heftigen Schimpfworten bedachte und wegschickte, weil ihm fünf Pfennig zu einem Dauerlutscher fehlten. Dabei fletschte er dauernd mit der Zunge im Mund herum, als hätte er stundenlang Fleischfasern aus den Zähnen zu zerren.

Er hatte viel zu tun; sie kauften viele Zigaretten bei ihm, auch Dauerlutscher.

Vielleicht hätte ich es nicht tun sollen — ich ging zu ihm, sagt „Ernst“ zu ihm und wollte mit ihm sprechen. Damals hatten wir uns alle geduzt, und die Schwarzhändler sagten auch du zu einem.

Er war sehr erstaunt, sah mich merkwürdig an und sagte: „Wie meinen Sie?“ Ich sah, daß er mich erkannte, daß ihm selber aber wenig daran lag, erkannt zu werden.

Ich schwieg. Ich tat so, als hätte ich nie Ernst zu ihm gesagt, kaufte ein paar Zigaretten, denn ich hatte gerade etwas Geld, und ging. Ich beobachtete ihn noch eine Zeitlang; meine Bahn kam nicht, und ich hatte auch gar keine Lust, nach Hause zu gehen. Zu Hause kommen immer Leute, die Geld haben wollen; meine Wirtin für die Miete und der Mann, der das Geld für den Strom kassiert. Außerdem darf ich zu Hause nicht rauchen; meine Wirtin riecht alles, sie ist dann sehr böse, und ich bekomme zu hören, daß ich wohl Geld für Tabak, aber keins für die Miete habe. Denn es ist eine Sünde, wenn die Armen rauchen oder Schnaps trinken. Ich weiß, daß es Sünde ist, deshalb tue ich es heimlich, ich rauche draußen, und nur manchmal, wenn ich wach liege und alles still ist, wenn ich weiß, daß bis morgens der Rauch nicht mehr zu riechen ist, dann rauche ich auch zu Hause.

Das Furchtbare ist, daß ich keinen Beruf habe. Man muß ja jetzt einen Beruf haben. Sie sagen es. Damals sagten sie alle, es wäre nicht nötig, wir brauchten nur Soldaten. Jetzt sagen sie, daß man einen Beruf haben muß. Ganz plötzlich. Sie sagen, man ist faul, wenn man keinen Beruf hat. Aber es stimmt nicht. Ich bin nicht faul, aber die Arbeiten, die sie von mir verlangen, will ich nicht tun. Schutt räumen und Steine tragen und so. Nach zwei Stunden bin ich schweißüberströmt, es schwindelt mir vor den Augen, und wenn ich dann zu den Ärzten komme, sagen sie, es ist nichts. Vielleicht sind es die Nerven. Sie reden jetzt viel von Nerven. Aber ich glaub, es ist Sünde, wenn die Armen Nerven haben. Arm sein und Nerven haben, ich glaube, das ist mehr, als sie vertragen. Meine Nerven sind aber bestimmt hin; ich war zu lange Soldat. Neun Jahre, glaub ich. Vielleicht mehr, ich weiß nicht genau. Damals hätte ich gern einen Beruf gehabt, ich hatte große Lust, Kaufmann zu werden. Aber damals — wozu davon reden; jetzt habe ich nicht einmal mehr Lust, Kaufmann zu werden. Am liebsten liege ich auf dem Bett und träume. Ich rechne mir dann aus, wieviel hunderttausend Arbeitstage sie an so einer Brücke bauen oder an einem großen Haus, und ich denke daran, daß sie in einer einzigen Minute Brücke und Haus kaputtschmeißen können. Wozu da noch arbeiten? Ich finde es sinnlos, da noch zu arbeiten. Ich glaube das ist es, was mich verrückt macht, wenn ich Steine tragen muß oder Schutt räumen, damit sie wieder ein Café bauen können.

Ich sagte eben, es wären die Nerven, aber ich glaube, das ist es: daß es sinnlos ist.

Im Grunde genommen ist mir egal, was sie denken. Aber es ist schrecklich, nie Geld zu haben. Man muß einfach Geld haben. Man kommt nicht daran vorbei. Da ist ein Zähler, und man hat eine Lampe, manchmal braucht man natürlich Licht, knipst an, und schon fließt das Geld oben aus der Birne heraus. Auch wenn man kein Licht braucht, muß man bezahlen, Zählermiete. Überhaupt: Miete. Man muß anscheinend ein Zimmer haben. Zuerst habe ich in einem Keller gewohnt, da war es nicht übel, ich hatte einen Ofen und klaute mir Briketts; aber da haben sie mich aufgestöbert, sie kamen von der Zeitung, haben mich geknipst, einen Artikel geschrieben mit einem Bild: Elend eines Heimkehrers. Ich mußte einfach umziehen. Der Mann vom Wohnungsamt sagte, es wäre eine Prestigefrage für ihn, und ich mußte das Zimmer nehmen. Manchmal verdiene ich natürlich auch Geld. Das ist klar. Ich mache Besorgungen, trage Briketts und stapele sie fein säuberlich in eine Kellerecke. Ich kann wunderbar Briketts stapeln, ich mache es auch billig. Natürlich verdiene ich nicht viel, es langt nie für die Miete, manchmal für den Strom, ein paar Zigaretten und Brot . . .

Als ich jetzt an der Ecke stand, dachte ich an alles.

Mein Schwarzhändler, der jetzt ehrlich geworden ist, sah mich manchmal mißtrauisch an. Dieses Schwein kennt mich ganz genau, man kennt sich doch, wenn man zwei Jahre fast täglich miteinander gesprochen hat. Vielleicht glaubt er, ich wollte bei ihm klauen. So dumm bin ich nicht, da zu klauen, wo es von Menschen wimmelt und wo jede Minute eine Straßenbahn ankommt, wo sogar ein Schupo an der Ecke steht. Ich klaue an ganz anderen Stellen: natürlich klaue ich manchmal, Kohlen und so. Auch Holz. Neulich habe ich sogar ein Brot in einer Bäkkerei geklaut. Es ging unheimlich schnell und einfach. Ich nahm einfach das Brot und ging hinaus, ich bin ruhig gegangen, erst an der nächsten Ecke habe ich angefangen zu laufen. Man hat eben keine Nerven mehr.

Ich klaue doch nicht an einer solchen Ecke, obwohl das manchmal einfach ist, aber meine Nerven sind dahin. Es kamen viele Bahnen, auch meine, und ich habe ganz genau gesehen, wie Ernst mir zuschielte, als meine kam. Dieses Schwein weiß noch ganz genau, welche Bahn meine ist!

Aber ich warf die Kippe von der ersten Zigarette weg, machte eine zweite an und blieb stehen. So weit bin ich also schon, daß ich die Kippen wegschmeiße. Doch es schlich da jemand herum, der die Kippen aufhob, und man muß auch an die Kameraden denken. Es gibt noch welche, die Kippen aufheben. Es sind nicht immer dieselben. In der Gefangenschaft sah ich Obersten, die Kippen aufhoben, der da aber war kein Oberst. Ich habe ihn beobachtet. Er hatte sein System, wie eine Spinne, die im Netz hockt, hatte er irgendwo in einem Trümmerhaufen sein Standquartier, und wenn gerade eine Bahn angekommen oder abgefahren war, kam er heraus und ging seelenruhig am Bordstein vorbei und sammelte die Kippen ein. Am liebsten wäre ich zu ihm gegangen und hätte mit ihm gesprochen, ich fühle, daß ich zu ihm gehöre: aber ich weiß, das ist sinnlos; diese Burschen sagen nichts.

Ich weiß nicht, was mit mir los war, aber ich hatte an diesem Tage gar keine Lust, nach Hause zu fahren. Schon das Wort: zu Hause. Es war mir jetzt alles egal, ich ließ noch eine Bahn fahren und machte noch eine Zigarette an. Ich weiß nicht, was uns fehlt. Vielleicht entdeckt es eines Tages ein Professor und schreibt es in die Zeitung: sie haben für alles eine Erklärung. Ich wünsche nur, ich hätte noch die Nerven zum Klauen wie im Krieg. Damals ging es schnell und glatt. Damals, im Krieg, wenn es etwas zu klauen gab, mußten wir immer klauen gehen; da hieß es: der macht das schon, und wir sind klauen gegangen. Die anderen haben nur mitgefressen, mitgesoffen, haben es nach Hause geschickt und alles, aber sie hatten nicht geklaut. Ihre Nerven waren tadellos, und die weiße Weste war tadellos.

Und als wir nach Hause kamen, sind sie aus dem Krieg ausgestiegen wie aus einer Straßenbahn, die gerade dort etwas langsamer fuhr, wo sie wohnten, sie sind abgesprungen, ohne den Fahrpreis zu bezahlen. Sie haben eine kleine Kurve genommen, sind eingetreten, und siehe da: das Vertiko stand noch, es war nur ein bißchen Staub in der Bibliothek, die Frau hatte Kartoffeln im Keller, auch Eingemachtes; man umarmte sie ein bißchen, wie es sich gehörte, und am nächsten Morgen ging man fragen, ob die Stelle noch frei war: die Stelle war noch frei. Es war alles tadellos, die Krankenkasse lief weiter, man ließ sich ein bißchen entnazifizieren — so wie man zum Friseur geht, um den lästigen Bart abnehmen zu lassen —, man erzählte von Orden, Verwundungen, Heldentaten und fand, daß man schließlich doch ein Prachtbengel sei: man hatte letzten Endes nichts als seine Pflicht getan. Es gab sogar wieder Wochenkarten bei der Straßenbahn, das beste Zeichen, daß wirklich alles in Ordnung war.

Wir aber fuhren inzwischen weiter mit der Straßenbahn und warteten, ob irgendwo eine Station käme, die uns bekannt genug vorgekommen wäre, daß wir auszusteigen riskiert hätten: die Haltestelle kam nicht. Manche fuhren noch ein Stück mit, aber sie sprangen auch bald irgendwo ab und taten jedenfalls so, als wenn sie am Ziel wären.

Wir aber fuhren weiter und weiter, der Fahrpreis erhöhte sich automatisch, und wir hatten außerdem für großes und schweres Gepäck den Preis zu entrichten: für die bleierne Masse des Nichts, die wir mitzuschleppen hatten; und es kamen eine Menge Kontrolleure, denen wir achselzuckend unsere leeren Taschen zeigten.

Runterschmeißen konnten sie uns ja nicht, die Bahn fuhr zu schnell — „und wir sind ja Menschen" —, aber wir wurden aufgeschrieben, aufgeschrieben, immer wieder wurden wir notiert, die Bahn fuhr immer schneller; die raffiniert waren, sprangen schnell noch ab, irgendwo, immer weniger wurden wir, und immer weniger hatten wir Mut und Lust auszusteigen. Insgeheim hatten wir uns vorgenommen, das Gepäck in der Straßenbahn stehenzulassen, es dem Fundbüro zur Versteigerung zu überlassen, sobald wir an der Endstation angekommen wären; aber die Endstation kam nicht, der Fahrpreis wurde immer teurer, das Tempo immer schneller, die Kontrolleure immer mißtrauischer, wir sind eine äußerst verdächtige Sippschaft.

Ich warf auch die Kippe von der dritten Zigarette weg und ging langsam auf die Haltestelle zu; ich wollte jetzt nach Hause fahren. Mir wurde schwindelig: man sollte nicht auf den nüchternen Magen so viel rauchen, ich weiß. Ich blickte nicht mehr dorthin, wo mein ehemaliger Schwarzhändler jetzt einen legalen Handel betriebt; gewiß habe ich kein Recht, böse zu sein; er hat es geschafft, er ist abgesprungen, sicher im richtigen Augenblick, aber ich weiß nicht, ob es dazu gehört, die Kinder anzuschnauzen, denen fünf Pfennig zu einem Dauerlutscher fehlen. Vielleicht gehört das zum legalen Handel: ich weiß nicht.

Kurz bevor meine Straßenbahn kam, ging auch der Kumpel wieder seelenruhig vorne am Bordstein vorbei und schritt die Front der Wartenden ab, um die Kippen aufzusammeln. Sie sehen das nicht gern, ich weiß. Es wäre ihnen lieber, es gäbe das nicht, aber es gibt es . . .

Erst als ich einstieg, habe ich noch einmal Ernst angesehen, aber er hat weggeguckt und laut geschrien: Schokolade, Bonbons, Zigaretten, alles frei! Ich weiß nicht, was los ist, aber ich muß sagen, daß er mir früher besser gefallen hat, wo er nicht jemand wegzuschicken brauchte, dem fünf Pfennig fehlten; aber jetzt hat er ja ein richtiges Geschäft, und Geschäft ist Geschäft. □.

(1950)

Der Abdruck erfolgte mit freundlicher Genehmigung des Autors
H. Böll: Werke. Bd. 1 „Geschäft ist Geschäft", S. 255—260, 1950, Verlag Kiepenheuer/Witsch, Köln

Heinrich Böll: You enter Germany

Zwanzig Luftkilometer bis Nörvenich, ebenso viele bis Jülich. Jülich arbeitet lautlos, die Nörvenicher Starfighter zerhacken und zersägen den unschuldigen Himmel über dem Hürtgenwald; diese Lufthaie erfüllen nicht nur ihre „Mission“ (welche wohl?), auch eine Funktion: Sie sorgen dafür, daß einer nicht anfängt, dem Frieden zu trauen, sorgen dafür, daß er nicht vergißt, zwischen friedlicher und unheimlicher Stille zu unterscheiden. Es ist die unheimliche Stille eines riesigen Friedhofes. Im Umkreis von zwanzig Kilometer um das Dorf Vossenack herum sind viel mehr Menschen getötet worden, als die Stadt Aachen heute Einwohner hat; der riesige Friedhof links und rechts der Linie Gey — Großhau — Kleinhau — Hürtgen — Vossenack — Kommerscheidt — Schmidt ist mit jungem Wald bepflanzt: jeder Nachkriegsjahrgang, das ganze „junge Deutschland“ ist hier vertreten, bis zu den Säuglingen des Jahres 1967. Schöne Wege um jedes der Dörfer herum, Stille, immer noch wirkt die Landschaft des Kahlschlags eingeschüchtert, rötliche Äcker südlich der großen Straße, dunkle nördlich, wo die rote und die weiße Wehe den Namen schon bereit hatten für das, was kommen sollte. Der dichte junge Wald besorgt das Geschäft der Tarnung besser, als alter Wald es könnte. Es muß einer schon vom Weg abgehen, weit in den dichten jungen Wald hineinkriechen, um die alten, verbrannten, nun verfaulten Baumstümpfe des Winters 1944/1945 zu entdecken, die Schützenlöcher, die Grabensysteme, Stellungen, die gekippten, überwucherten Bunker der „Siegfried-Linie“. Nicht selten, eher schon häufig tritt auf diesen ordentlichen Wegen ein Fuß gegen etwas Rötlich-Bräunliches, das als Baumrinde durchgegangen wäre, wäre es nicht vom Fuß getroffen worden und gäbe beim Zusammenstoß seinen metallischen Charakter preis: nach zweiundzwanzig Jahren immer noch nicht bröckelig gewordener Granatsplitter. Eine Patrone, ein Stahlhelm, ein Kanister mit amerikanischer Aufschrift: „Careful“. Stunden-, stundenlang um jedes der Dörfer herum der friedliche aufgeforstete Kahlschlag, still — mit dem zersägten, zerhackten Himmel darüber, dem lautlos arbeitenden Jülich im Hintergrund. Gut zu wissen, daß nur wenige Kilometer westlich vor zweiundzwanzig Jahren die Vorläufer der Sektorengrenzschilder standen mit der denkwürdigen Aufschrift: YOU ENTER GERMANY! BE ON YOUR GUARD.

Oh, ihr toten und lebenden Freunde, vergeßt nicht: Be on your guard, you are in Germany! Der junge Wald gedeiht gut, und er hat so viele Vorzüge: Er gewährt weiten Blick, Wildreichtum, im Frühjahr und Sommer eine Blumenfülle, wie ihn der klassische dunkle Hänsel-und-Gretel-Wald nicht gewährte; im Sommer ganze Hänge, die noch immer kahlgeschlagen, voller Fingerhut, ein feierliches Violett, von weitem wie ein ausgebreitetes Riesentrauertuch. Es ist doch schnöd, Soldat zu sein! Vergeßt es nicht, ihr jungen Helden da oben, die ihr über den Gräbern eurer Väter und Brüder so kühn hinwegfliegt, und so rasch, so rasch! Natürlich denkt einer (er kann's nicht lassen!), wenn er hier spazierengeht, wandert, unwillkürlich an Wehrdebatten, an peinliches Ministergeschwätz, und er meidet die überaus geschmackvollen offiziellen „Helden“friedhöfe. (Warum nur, so denkt er, tun die Deutschen so viel für ihre Toten und so wenig für ihre Lebenden.) Es wäre wohl richtig, wäre das einzig Wahre gewesen, hier nicht auf geschmackvollen Soldatenfriedhöfen individuelle Totenbehandlung zu betreiben wie auf einem braven bürgerlichen Friedhof und dazu noch Platz und Gelegenheit für bramarbasierende Überlebende irgendwelcher Divisionen zu geben. Wenn schon, dann ein riesiges dunkles Mahnmal mit einem zynischen, besser noch einem schmutzigen Soldatenwort drauf; warum sollten die Toten nicht einmal das letzte Wort haben, das nie, nie Vaterland oder Volk oder gar Führer hieß? Je ein deutsches und ein amerikanisches Soldatenwort, einen Mädchen- oder einen Hurennamen, umrahmt von so zutreffendem letzten Wort wie „focken war“, „verdammter Scheißkrieg“; wozu diese erikareiche Täuschung einer bürgerlichen „Ruhestätte“, wo doch wenige Kilometer westlich diese hübschen Schilder standen mit den zutreffenden Worten: BE ON YOUR GUARD! YOU ENTER

GERMANY! Mehr als achtundzwanzigmal wechselten die Dörfer Vossenack, Schmidt, Simonskall und Kommerscheidt ihre militärische Herren; in Vossenack verlief die „Front“ quer durch die Pfarrkirche; die amerikanischen Soldaten schossen von der Orgelbühne herunter, die deutschen aus der Sakristei heraus. In Monschau schoß die *deutsche* Armee auf Frauen, die in ihren Gärten Gemüse holten; es durfte nicht wahr sein, was wahr war: der Krieg war endgültig verloren und ging zu Ende; und es durfte nicht wahr sein, daß eine Deutsche in einem von Amerikanern besetzten Städtchen tatsächlich entschlossen war, zu *leben*. (Und natürlich denkt einer unwillkürlich, durch friedliche Wälder unter unfriedlichem Himmel spazierend daran, daß dieses Denkmodell bis auf den heutigen Tag die deutsche Politik bestimmt: Es darf nicht wahr sein, was wahr ist: ein Krieg — und was für einer — ist verloren worden vor zweiundzwanzig Jahren.)

Hin und wieder im Wald ein Überständer: riesige Eiche, riesige Buche; irgendwo in einem der Dörfer zwischen Gey und Vossenack, an einer Wegkreuzung oder im Wald schrieb Hemingway ein Liebesgedicht für seine Frau, in dem die fast prophetischen Verse erscheinen:

> Im nächsten Krieg werden wir die Toten in Cellophan / verpackt begraben / Die Hostie wird mit der eisernen Ration gleich mitgeliefert / und jeder Soldat wird ausgestattet mit einem kleinen / aber naturgetreuen Erzbischof Spellmann, der sich von selbst aufbläst.

Es wäre gut, wenn die jungen Herren dort oben diesen kleinen Spruch überm Schaltbrett anheften würden; sie könnten statt Erzbischof Spellmann ja — je nach Konfession — Bischof Hengsbach oder Bischof Kunst einsetzen. Es ist so schnöd, Soldat zu sein!

Merkwürdiger Gedanke beim Gang über diese schönen, friedlichen Höhen, durch diese stillen Täler: In der Landschaft hat es nachweislich die wenigsten Nazis in Deutschland gegeben, und sie wurde von den deutschen Divisionen am härtesten bestraft, bestraft bis ins „zweite Geschlecht“: Wie viele Kinder sind hier noch lange nachdem der Krieg zu Ende war, auf Minen gelaufen, von Granaten verletzt und getötet worden; kaum ein Haus blieb stehen, kaum ein Baum erhalten, kein Acker, kein Weg ohne Minen, kein Bach harmlos. Diese eingeschüchterte Landschaft weiß, daß es wahr ist: Ein Krieg — und was für einer — wurde verloren, sie, immer noch eingeschüchtert, nach zweiundzwanzig Jahren noch, durch den sinnlosen martialischen Lärm des „es darf nicht wahr sein“-Heroismus, sie weiß, was die Politiker noch nicht wahrhaben wollen. (1967)

Der Abdruck erfolgte mit freundlicher Genehmigung des Autors
H. Böll: Werke. Essayistische Schriften und Reden 2, „You enter Germany“, S. 267—270, 1967, Verlag Kiepenheuer/Witsch, Köln

Gespräch mit Hermann Claasen

Herr Claasen, Sie leben seit 83 Jahren in Köln. Können Sie zunächst einmal erzählen, wo Sie groß geworden sind und in welchen Teilen der Stadt Sie gelebt haben.

Ich bin hier in der Blumenstraße geboren. Das ist ganz nah an der Gereonskirche, wo ich auch jetzt wieder lebe auf dem Hansaring. Ich bin 1899 geboren, also noch im vorigen Jahrhundert. Wir sind dann 1901 in die Minoritenstraße gezogen. Das ist hinter dem Wallraf-Richartz-Museum. Da habe ich 40 Jahre gelebt bis zum 31. Mai 1942. An diesem Tag sind wir zum ersten Mal ausgebombt worden. Mit 14 Jahren habe ich in einer Buchhandlung ein Buch gefunden über Liebhaberkünste. Da war u. a. auch ein Kapitel drin „Wir bauen einen Fotoapparat“. Das hat mich so gefesselt, daß ich mich selbst daran gegeben habe. Das war eine Zigarrenkiste. Zigarrenkistenholz, ein Brillenglas und den Balgen habe ich selbst mit vieler Mühe zusammengefaltet. Ich habe mir aus diesen Teilen einen Apparat zusammengebastelt. Mit dem Apparat habe ich nun angefangen zu fotografieren. Da bin ich z. B. 1914 zu Beginn des Weltkrieges ans Deutzer Rheinufer gegangen und wollte das Panorama der Stadt fotografieren. Ich hatte gerade angefangen, da kamen auch schon vier Soldaten mit aufgepflanztem Bajonett und haben mich als Spion verhaftet. Das waren meine ersten Erfolge in der Fotografie.

Und wie ist es dann weitergegangen? Haben Sie dann eine richtige Fotografenausbildung gemacht?

Ich habe überhaupt keine Ausbildung gehabt. Ich war im Geschäft meines Vaters, das war ein Textilgeschäft. Und die sind pleite gegangen, wie das damals gegen Ende der zwanziger Jahre so modern war. Nun stand ich arbeitslos auf der Straße und hatte keinen Beruf mehr. Und ich hatte doch in der Textilbranche gelernt. Da begann ich, mich mit der Fotografie durchzuschlagen. Beispielsweise war damals bei St. Goar der Rhein zugefroren. Da bin ich rausgefahren und habe den Eisgang fotografiert bzw. die Eisversetzung. Das waren sehr schöne Bilder geworden. Die habe ich dann auf der Hohe Straße durch Arbeitslose als Postkarten verkaufen lassen. Das war mein erstes verdientes Geld in der Fotografie.

Was bedeutet eine Stadt für jemanden, der über 80 Jahre in dieser Stadt gelebt hat?

In Köln waren wunderbare Motive, beispielsweise am Singmeisterhäuschen oder am Dreikönigenpförtchen oder der „Rote Kardinal“, das war eine Tabakhandlung in Köln. Mit Konrad Adenauer war nun folgendes: Durch das Buch, das ich damals 1947 gemacht habe „Gesang im Feuerofen“, hat Adenauer mich kennengelernt. Er hatte mein Buch gesehen. Er hat sich sehr für dieses Buch eingesetzt. Er hat sich dann auch öfters von mir fotografieren lassen. Da mußte ich dann nach Bonn kommen und mußte Aufnahmen machen. Auch für das Wahlplakat der CDU damals habe ich die Aufnahmen von ihm gemacht.

Was war in diesen Jahren in Köln eigentlich für Sie anders als heute?

Ja, das ist schwer zu sagen. Es war eine ganz andere Atmosphäre. Das Köln, wie ich es erlebt habe, dieses Köln gibt es nicht mehr. Damals in den Trümmern und in der Zeit danach habe ich mich wohler gefühlt als heute in den Neubauten. Heute ist es, als ob ich durch eine fremde Stadt ginge. Die Stadt war schöner damals. Es gab so viele malerische Winkel, die mich begeistert haben. Das ist alles heute verloren gegangen. Heute ist nichts mehr davon da. Für mich ist Köln eine vollkommen fremde Stadt. Mir ist es genauso, als ob ich in Essen oder in Hamburg wäre. Das sagt mir nichts mehr. Ausgenommen das Stadtpanorama, was ich nach wie vor sehr liebe.

Gibt es denn gar nichts, was Sie heute noch an das Köln erinnert, das Ihnen damals so gut gefallen hat?

Das ist schwer zu sagen. Ich bin ja nun schon lange nicht mehr auf der Straße gewesen. Aber damals, als ich noch sehen konnte, da waren die Neubauten. Das war für mich schauderhaft, was da gemacht worden ist.

Vielleicht können wir noch einmal auf den Fotografen Hermann Claasen zu sprechen kommen. Sie haben gerade beschrieben, wie Sie zur Fotografie gekommen sind. Haben Sie denn dann noch eine Ausbildung gemacht? Oder sind Sie als Autodidakt bei der Fotografie geblieben?

Ich habe keine Ausbildung genossen. Das heißt, ich war einmal einen Monat in München bei dem berühmten Fotografen Willi Zielke*, der damals den Eisenbahnfilm gemacht hat. Eine ganz dolle Marke war der. Da habe ich einen Monat assistiert und habe davon viel profitiert. Aber späterhin war es ja nun so, da mußte ich einen Betrieb aufmachen und dafür mußte ich die Meisterprüfung haben. Dazu muß man eigentlich eine Lehrzeit machen und so und so viele Gesellenjahre und kann dann erst die Meisterprüfung machen. Das entfiel aber bei mir, weil ich ja noch aus dem vorigen Jahrhundert stamme. Es gab eine Übergangsbestimmung, da brauchte man keine Lehre gemacht zu haben. Ich konnte sofort die Meisterprüfung machen. Ich habe sie dann mit Auszeichnung bestanden.

Die Ausstellung in Bonn zeigt vor allem Dokumentaraufnahmen von Ihnen. Das war aber doch eigentlich ein Bereich, der in Ihrer beruflichen Laufbahn kaum eine Rolle gespielt hat.

Ja, das ist richtig. Die Trümmeraufnahmen sind eine Ausnahme. Nach dem Krieg hat meine Frau den Broterwerb besorgt. Die hatte sich mit Porträts rumzuschlagen. Sie hat das tägliche Brot besorgt, und ich habe gesponnen. Ich hatte z. B. so eine fixe Idee mit Mikrofotos. Ich habe Staub aus dem Staubsauger, Klebstoffe und andere Materialien unter das Mikroskop gelegt und dann fotografiert. Damit habe ich ganz tolle Aufnahmen erzielt. Das waren abstrakte Fotografien, obwohl abstrakt will ich noch nicht einmal sagen. Manchmal ergaben sich fast von selbst Szenen. Da war einmal Kerzenwachs, der sah plötzlich aus wie japanische Holzschnitte. Ich habe viel in der Art fotografiert, Experimente gemacht mit den verschiedensten Materialien. Leider hat sich dafür keiner interessiert. Aber es ist nach wie vor meine Lieblingsarbeit.

Ich möchte noch einmal auf die Dokumentarfotos zurückkommen. Haben Sie zu der Zeit, als Sie die Kriegszerstörungen in Köln fotografierten auch in Köln gelebt?

Ich habe den ganzen Krieg in Köln mitgemacht. Wir sind fünfmal ausgebombt worden. Wenn nun ein Angriff war, habe ich natürlich schön im Keller gesessen und gewartet, ob mir die Decke nicht auf den Kopf fallen würde. Aber sofort nach dem Angriff bin ich rausgegangen. Ich hatte meine Kamera in einem Pelztäschchen versteckt. Denn das Fotografieren war ja bei Todesstrafe verboten, also das Fotografieren von Trümmern und Feindeinwirkungen. Ich habe dann jedesmal nach einem Angriff Aufnahmen gemacht. So entstand meine Dokumentation.

Aber haben Sie nicht auch außerhalb von Köln gelebt? 1944, glaube ich, haben Sie doch bei Immekeppel, etwa 20 km von Köln entfernt, gewohnt.

Das ist richtig. Nachdem wir zum 5. Mal total ausgebombt worden waren, ist keine Möglichkeit mehr gewesen, in Köln zu bleiben. Das war so kurz vor Kriegsschluß. Da sind wir durch Verbindungen meiner Frau zu ihrer früheren Lehrmeisterin gezogen. Wir hatten damals großes Glück. Mein Fotolieferant, d. h. mein Großhändler, bei dem ich meine Materialien besorgte, der war auch ausgebombt worden. Da habe ich den ganzen Ramsch, der noch da war, Filme und Fotopapiere, alles, was übriggeblieben war, gekauft, auf einen Handkarren gepackt und nach Immekeppel gebracht. Auf diese Weise war ich mit Materialien gut versorgt. Ich habe bis nach dem Krieg fast 10 Jahre von diesem Material gelebt.

Haben Sie eigentlich auch während des Krieges als Fotograf gearbeitet? Wie war das damals?

Ja, natürlich. Meine Frau hat ja Porträts gemacht. In den Trümmern haben wir immer wieder von vorne angefangen. Ich habe jetzt leider das Bild nicht da. In der Wolfstraße, in der Rückversicherung z. B., da waren wir in einem Park. Das Haus war zerstört, und wir haben in den Trümmern eine weiße Papierrolle aufgehängt und haben die Leute davorgesetzt und Paßbilder gemacht. Die kriegten vorne eine Nummer hin und wurden dann mit der Nummer fotografiert wie im Verbrecheralbum.

Und das war für Sie Ihre Einnahmequelle in dieser Zeit?

Davon haben wir gelebt, ja natürlich.

Herr Claasen, warum mußten Sie eigentlich nicht auch in den Krieg?

Ich hätte in meinem Leben eigentlich schon zweimal den Heldentod sterben müssen, nämlich 1914, wo ich ein begeisterter Patriot war und 1939 wieder, wo man sehr begierig war auf meine Mitwirkung im Kriege. Aber ich habe als Kind einen Sportunfall gehabt. Mein Knie ist verletzt und so konnte ich nicht mehr zum Militärdienst einberufen werden, was mein großes Glück war. Das hat mir zweimal das Leben gerettet. In Immekeppel haben wir in einer Hütte im Wald gewohnt. Das war so ein Provisorium. Ein englisches Zelt. Es war mit Zement und Heraklitplatten zu einer Art Wohnung ausgebaut worden. Da haben wir im Winter gelebt. Das war ganz furchtbar in der Kälte. Meine Frau mußte dann sehen, daß wir was zu essen kriegten. Sie ist dann auf Strümpfen bei Glatteis den Berg runtergegangen, um in Immekeppel Einkäufe zu machen. Das war ganz schlimm in der Zeit, denn da waren dauernd Tieffliegerangriffe ohne Warnung. Es wurde dauernd angegriffen. Meine Frau hat für Nahrungsmittel gesorgt, denn ich konnte ja nicht.

Wie war das, wenn Sie von außerhalb in die zerstörte Stadt kamen? Wie hat man sich dann orientiert? Haben Sie ganz gezielt Orte gesucht?

Das war ganz egal, wo Sie hingingen. Das waren überall dieselben Trümmer. Ich entsinne mich noch eines Nachts nach einem Angriff, ich kam aus dem Keller raus, und wollte zu meiner Frau, mit der ich damals noch nicht verheiratet war. Die wohnte weit von mir weg. Ich wollte sie aufsuchen. Ich bin über die Breite Straße gegangen und bei „Bamberg & Herz" vorbeigekommen. Das war ein Konfektionsgeschäft. Dieses Geschäft war auch zerstört worden. Die ganzen Schaufensterpuppen lagen unter den Trümmern und auf der Straße. Sie sahen aus wie Leichen. Das war ein ganz grausiger Anblick.

Der Bildjournalismus, wie wir ihn heute kennen und vor allem die Kriegsberichtserstattung konzentrieren sich stark auf Fotos von Massakern und menschlichen Opfern. Oft ist man nur an Fotos von Extremen interessiert. Die Dokumentarfotografie, die Sie betrieben haben, hat solche extremen Ansichten vermieden. Sie haben sich in Ihren Bildern mehr auf die Normalität des Kriegsalltags konzentriert. Und dabei haben Sie, wie mir scheint, die Bombenopfer, die Menschen, Verletzte und auch Tote ausgeklammert. Sie haben nie Leichen fotografiert. War das eine bewußte Entscheidung?

Ja. Das hat den Grund, daß es gegen mein Empfinden ging, dieses Elend auch noch in Bildern festzuhalten. Ich wollte das nicht.

Sie haben diese schrecklichen Szenen also gesehen, aber Sie haben sich bewußt entschlossen, diese Szenen nicht zu fotografieren? Ist das richtig so?

Ja, das ist richtig.

Wir haben uns vorhin darüber unterhalten, was Sie bewegt haben könnte, entgegen allen Schwierigkeiten, der Strafandrohung und auch der psychischen Anspannung die Aufnahmen der Zerstörung in Köln zu machen. Wo haben Sie den Mut und die Kraft dazu hergenommen?

Ja, das kann ich nicht sagen. Ich mußte das machen. Ich habe einfach fotografiert. Ich habe nie daran gedacht, diese Fotos jemals öffentlich zu verwenden. Daß diese Fotos publiziert wurden, ist ein Zufall. Nach dem Kriege hatte ich ein Atelier auf dem Deutschen Ring. Eines Tages nach dem Krieg kam ein gewisser Landrat Rick zu Besuch in mein Atelier. Der sah die Bilder da liegen. Er fand sie gleich so wichtig, daß wir daraus das Buch „Gesang im Feuerofen" gemacht haben.

Hatten Sie eigentlich während des Krieges keine Angst, entdeckt zu werden und wegen Wehrkraftzersetzung angeklagt zu werden? Ich erinnere mich genau an ein Foto von Ihnen, auf dem Sie ein Naziplakat festgehalten haben. Auf diesem Plakat steht zu lesen, daß bei strengster Strafe alles zu unterlassen sei, was, und dann kommt eine groteske Formulierung,

„die Stimmung verdirbt". Und Ihre Fotos, das muß man nun wirklich sagen, sind doch dazu angetan, die Stimmung zu verderben. Wer diese Bilder sieht, der kann ja nicht glauben, daß Krieg jemals einen Sinn hatte.

Ja, das ist richtig. Aber ich habe mir darüber keine Gedanken gemacht. Ich habe einfach fotografiert.

Und Sie hatten auch keine Angst vor der Strafandrohung?

Selbstverständlich hatte ich Angst. Das ist doch ganz klar. Überhaupt habe ich Angst gehabt, auch bei den Angriffen. Da habe ich auch Angst gehabt. Das ist doch ganz selbstverständlich. Das muß doch ein Vollidiot sein, der sowas erlebt, ohne Angst zu bekommen. Aber die Angst habe ich eben überwunden durch das Fotografieren. Es hat mich abgelenkt.

Herr Claasen, haben Sie eigentlich mit der Zerstörung Kölns gerechnet? Seit wann haben Sie wahrgenommen, daß die politische und historische Situation, die Sie erlebten gefährlich war?

Ja, da war ja damals die Geschichte mit der Tschechoslowakei im Frühjahr 1939, wo die Tschechoslowakei „ins Reich zurückgeholt wurde". Seit der Zeit hatte ich eine furchtbare Angst vor dem Krieg gehabt und habe die Zerstörung vorausgesehen. Ich habe es mir allerdings anders vorgestellt. Ich habe geglaubt, direkt nach dem ersten Tag des Kriege wäre es schon so weit gewesen. Im übrigen war es so, wenn ein Angriff war, das habe ich lange vorher gemerkt, ähnlich wie die Tiere. Das war ja auch bei den Tieren festzustellen, daß sie unruhig wurden. Und so war es auch am 30. Mai 1942, wo der erste Angriff war. Damals haben wir in der Minoritenstraße gewohnt. 40 Jahre haben wir in dem Haus gewohnt. Und auf dem Dach hatten wir eine Sirene stehen. Wenn die losging, das war, als wenn einer einen in den Bauch tritt. Ein Schock war das. Nun war es so: Ich war noch rausgegangen kurz vor 12 Uhr nachts. Wir hatten Vollmond. Ich war sehr unruhig. Ich bin zurück ins Haus gegangen und habe sämtliche Tanks vollaufen lassen mit Löschwasser, also Badewannen und Waschbecken und Kochtöpfe usw. Wie gesagt, es war Vollmond in dieser Nacht und da habe ich immer Angst vor gehabt, vor Vollmond. Das bedeutete gute Nachtsicht, und man konnte mit Sicherheit damit rechnen, daß etwas passieren würde. Und so war es dann auch am 30. Mai. Die Sirene ging los, und ich habe mir noch eine Kerze in die Tasche gesteckt und Streichhölzer und dann sind wir in den Keller gegangen. Nun war erst einmal Totenstille. Auf einmal konnten wir sie hören. Die Orgel des Todes habe ich das genannt, die Bomber. Wenn die kamen, dann zitterte alles. Es vibrierte alles. Und dann fielen die ersten Bomben. Da schwankte der Boden, das Licht fing an zu flackern und nach kurzer Zeit ging das Licht aus. Da saßen Sie im Dunkeln und warteten darauf, daß Ihnen jetzt das Haus auf den Kopf fällt. Dann haben wir die Kerzen angemacht und dann kamen die Brandbomben. Das hörte sich an, als wenn einer mit dem Vorschlaghammer auf dem Asphalt einen Meißel einschlägt. Es regnete regelrecht Brandbomben. Und dann, nach langer Zeit, hörte der Angriff auf. Die Flak war ausgefallen. Dann war nichts mehr, nur noch Totenstille. Und ich ging raus auf die Straße, da war vor dem Haus die Minoritenkirche. Da standen Lindenbäume, die blühten gerade, die dufteten, und die Vögel sangen in der Totenstille und man hörte nur noch das Knistern des Brandes.

So ist unser Haus beispielsweise gar nicht von einer Brandbombe getroffen worden. Ich bin nach dem Angriff durch das ganze Haus gegangen mit meinem Sohn. Vom Speicher bis unten hin. Wir haben festgestellt, das nichts war. Aber das Nebenhaus stand in Flammen und durch die Strahlung der Flammen ist unser Haus vernichtet worden. Die Hitze im Nebenhaus war so groß, daß die Fensterscheiben zersprangen und alles in Flammen aufging.

Herr Claasen, Sie haben mir Fotos gezeigt mit brennenden Häusern. Wie konnten Sie sich entschließen, während eines Angriffs raus auf die Straße zu gehen und zu fotografieren? Sie haben doch gerade von Ihrer Angst gesprochen.

Es war ja schließlich alles gleichgültig, wo man war. Die Gefahr war überall, im Keller oder auf der Straße. Auf der Straße gab es noch eine besondere

Gefahr, die kam dazu: die Blindgänger bzw. die Zeitzünder. Die explodierten erst nach einer gewissen Zeit und dann war es passiert.

Und Sie haben also gedacht, jetzt ist sowieso alles aus, jetzt ist es zu spät? Sie haben vorhin einmal angedeutet, daß Sie mit dem Fotografieren versucht haben, gegen Ihre Angst anzugehen. Habe ich Sie da richtig verstanden?

Gegen die Angst gibt es kein Rezept.

Sie haben vorhin gesagt, einen sonderlichen Wert hätten Sie Ihren Dokumentaraufnahmen gar nicht zugemessen. Wie sehen Sie das heute? Welche Bedeutung haben diese Fotos?

Diese Fotos sind für mich Erinnerungen an diese furchtbare Zeit.

Was meinen Sie, was Ihre Fotos Menschen der Nachkriegsgeneration zu sagen haben, die diese Zeit nicht miterlebt haben bzw. nicht miterleben mußten?

Diese Fotos sagen den jungen Leuten überhaupt nichts. Wer das nicht mitgemacht hat, der kann sich das nicht vorstellen. Man muß den Rauch im Auge gehabt haben, man muß den Rauch eingeatmet haben und die Angst vor allen Dingen. Man kann die Atmosphäre dieser Zeit nicht beschreiben.

Meinen Sie nicht, daß Ihre Bilder einer jungen Generation, die diese Zeit nicht erlebt hat, Anstöße zum Nachdenken geben könnten?

Ich fürchte nein. Ich fürchte nein. Das ist nichts, was den Leuten etwas sagt, weil sie es sich nicht vorstellen können.

Glauben Sie nicht, daß Ihren Bildern gerade heute eine ganz besondere Bedeutung zukommt in einer Zeit, wo wir wieder jeden Tag von Aufrüstung und neuen Waffen in der Zeitung lesen müssen? Wünschen Sie sich nicht, daß Ihre Bilder wie eine Warnung wirken?

Das möchte ich erwünschen, aber ich glaube nicht daran.

* Willy Zielke (geb. 1902 Lodz/Polen). Studierte Eisenbahntechnik in Taschkent/UdSSR. Umzug 1921 nach München. Dort seit 1928 Lehrer an der Bayrischen Staatslehranstalt für Fotografie. Ab 1932 Beschäftigung mit dem Film und mit Farbfotografie: Filme wie „Arbeitslos", „Das Stahltier" oder „Aluminium" machten ihn bekannt. Später Arbeit an Industriefilmen.

(Mit Hermann Claasen sprachen Hans J. Scheurer und Jan Thorn-Prikker)

Alles ist zerstörbar

Krieg verändert die Welt. Die materiellen Dinge und die immateriellen Werte, die in normalen Zeiten unberührbar erscheinen, — wie in der Normalität geborgen — im Krieg verlieren sie ihre Unverletzbarkeit. Vor den Bomben werden alle Dinge gleich — zu Trümmern und Asche. Und die Menschen werden am geschichtlichen Punkt, an dem die Normalität in den Krieg verlängert wird, zu Dreck, zu Material, zum Nichts, zu Sachen unter Sachen. Der Krieg macht die Wertlosigkeit jedes Einzelnen überdeutlich, die im Alltag verschleiert schon angelegt ist. Alles ist zerstörbar. An so einfache Wahrheiten, die man nicht glaubt, sich nicht vorstellen kann, verdrängt, erinnern einen die Fotografien, die dieser Katalog zeigt.

Nach dem Krieg, auch das zeigen die Bilder, ist es immer zu spät gegen den Krieg zu sein. Zu spät ist es und leicht zugleich. Nachdem das in der Vorkriegszeit Undenkbare eingetreten ist, ist es nicht schwer, den Wahnsinn als Wahnsinn und Sinnlosigkeit zu erkennen. Für einen geschichtlichen Augenblick liegt die Barbarei offen zu Tage, um sich bald wieder der Erinnerung und der Vorstellungskraft zu entziehen. Vor dem Krieg denkt man nicht an ihn, weil man ihn fürchtet. Man muß schon zum Militär gehören um zu wissen, daß Kriege immer vorbereitet werden und damit führbar sind. Sie werden täglich geprobt, um angeblich nie zu beginnen. Das war immer schon so. Und immer schon war es falsch.

Während des Krieges ist der Krieg normal. Alltag. Sterben ist dann nichts Besonderes, für das man Mitleid erwarten dürfte. Trauer ist dann nur störend. Schrecken und Angst vermindern die Überlebenskraft, weil sie den Ängstlichen schwächen. Also versucht man sich zu „bewähren", indem man sich so gut es geht, verhärtet. Die Menschen umgeben sich selbst mit Panzern, von denen sie als Kriegsgerät umstellt sind. Im Krieg gegen den Krieg zu sein, ist tödlich und wird auch mit dem Tode bestraft.

Nach dem Krieg will keiner mehr etwas vom Krieg wissen. Nur Wenige können ihn nie mehr vergessen. Die Orgie Wiederaufbau wird inszeniert. Die Freude, zu den Überlebenden zu gehören, wird gebraucht, um die Erinnerung zu überdecken. In dieser Vitalität steckt die spätere kollektive Verdrängung der Katastrophe durchaus beschlossen. Wenn Katastrophen erst einmal geschehen sind, richtet sich alles praktische Bemühen nur noch darauf, sich in den schlechten Verhältnissen zu arrangieren, sie zu überleben und aus ihnen herauszufinden. Zeit für Vergangenheitsbewältigung bleibt da zunächst keine. Die ist ein Luxus für 50-Jahr-Feiern. Keiner war schuld, alle waren Opfer, der Krieg verzerrt sich in den Erinnerungen bald zu den Anekdoten, die man der Nachkriegsgeneration auftischt. „Damals in . . .", und langsam wird aus der Hölle die große oder die schwere Zeit, je nachdem wieviel Sensibilität sich der Erinnernde erlaubt. Viel darf es nicht sein, denn sonst verwandelt sich auch das Überleben in eine Qual. Warum hatte man selbst das Glück, das 55 Millionen Menschen im zweiten Weltkrieg nicht haben konnten? Das Glück zu überleben.

Daß keiner nach dem Krieg an den Krieg denken will, daß man sich zwingen muß, ihn zu erinnern, haftet als geschichtlicher Zug auch an den Fotografien Hermann Claasens. Vierzig Jahre hat sich keiner für sie interessiert. Man hatte Besseres zu tun als den Schrecken zu besichtigen, wachzuhalten und seine Wiederholung zu verhindern. Man baute wieder auf, auch eine neue Armee. Noch heute ist das Archiv Claasens nicht im Besitz der Stadt Köln, ihrer fotografischen Sammlung, ihrer Museen oder ihres historischen Archivs. Auch Erinnerung, die sich in Fotodokumenten sedimentiert, kann man zerstören, indem man sie der Vergessenheit überläßt.

Der Krieg scheint gegen seine Erinnerung quasi immunisiert zu sein. Ähnlich wie Menschen vor zu großen Schmerzempfindungen geschützt sind, indem der Körper die Ruhe der Ohnmacht gewährt, scheint das kollektive Gedächtnis mit schützenden Bewußtlosigkeiten ausgestattet, die die Wunden verdecken sollen, die man nicht verhindert hat. Es bedarf der gedächtnislosen protokollierenden Kraft der Fotografie, deren stumpfer Abbildungsprozeß keine Angst kennt, um solchen Schrecken zu bewahren.

Wenn jemand die Kraft besaß, das Unglaubliche fotografisch zu fixieren, so gräbt sich dessen Bild ins Filmmaterial ein. Der chemische Prozeß Fotografie wird in seiner mechanisch bewirkten Abbildung zum Bewahrer der schwindenden menschlichen Erinnerung. Ohne Zittern konserviert das Material die Bilder, die das Gedächtnis löscht. Über Fotografien wächst kein Gras; die in Fotos fixierten Wunden heilt keine Zeit, wenn nicht politische und historische Ignoranz die Dokumente vernichtet. Das zu verhindern ist der schwache Versuch dieses Katalogs.

Dabei sollte man sich bewußt halten, daß alle Fotos nur Fotos sind. Sie zeigen nie die Wirklichkeit, sondern allein Ausschnitte der Wirklichkeit. Das Ganze entzieht sich der Abbildung. Fotografien sind Teile, Fragmente, Bruchstücke eines Mosaiks, das vom Betrachter zur lebendigen Erinnerung oder zum klaren Gedanken zusammengesetzt werden muß. Fotos sind mangelhaft, so genau, präzise, dokumentarisch sie auch sein mögen. Sie erzählen ihre Geschichte immer nur in einfachen Bildern — in Vereinfachungen.

Das brennende Haus verliert auf Fotografien seinen Rauchgeruch, vom unsichtbaren Wert für seine Bewohner ganz zu schweigen. Die Menschen in den Trümmern stehen für ewig still auf ihren Bildern, und doch lebten sie wirklich. Der Himmel ist stumm und grau. Das Dröhnen der heranfliegenden Bomber ist auf den Fotografien nicht zu hören. Die Angst des Fotografen findet im Bild, das er aufnimmt, keinen direkten Ausdruck. Im Gegenteil. Wer solche Bilder aufzeichnete, der scheint keine Angst gehabt zu haben. Ruinen verwandeln sich ins reizvoll Malerische und waren doch nur zerstörte Lebensorte und Massengräber für zehntausende Kölner, die unter ihren Häusern in den Kellern erstickt, erschlagen oder zerquetscht lagen. Fotografien können nur den sichtbaren Teil der Realität schwach — und doch grauenvoll perfekt — verzeichnen. Das Leiden der Menschen wie auch die Fehler der Politik aber entgehen ihrem Bild. Geschichte der Zeit und Lebensgeschichte einzelner Menschen lösen sich fotografisch auf ins Nebeneinander festgehaltener Zehntelsekunden.

Eine Banalität ist wahr. Die Bilder, so ungewöhnlich sie auch sind, zeigen nicht den ganzen Schrecken. Sie können nur dessen quasi sachlichen Aspekt vorführen: an Dingen, an der Topographie einer zerstörten Stadt, die Hunderttausenden Lebensort war, das Unvorstellbare assoziierbar machen. Sie zeigen nur, daß das Schreckliche möglich war — und ist —, der wirkliche Schrecken aber war und ist größer. Wahr ist nie das einzelne Bild, sondern allein seine Übertreibung.

Auf den Fotografien Hermann Claasens sind nie Leichen zu sehen, die dieser Krieg doch so überreichlich produzierte. Dennoch sind seine Bilder deutlich von den unsichtbaren Opfern bestimmt. Wer je Dokumentarfotografien von Kriegen gesehen hat und mit Bewußtsein registrierte, wie Bildjournalismus hilflos versucht Kriegsgeschehen in menschlichen Extremen zu zitieren, der muß den Schrecken und die Stumpfheit kennen, die solche Aufnahmen produzieren. In den unbarmherzigen Bildern der verstümmelten Menschen, wie sie etwa die Fotos des Vietnam-Krieges beherrschten, wird nicht Wachheit und Antimilitarismus erzeugt, sondern Wahrnehmung genauso getötet, wie die Menschen, die die Bilder zeigen. Schrecken wird so nicht gewahrt, sondern Betrachter werden an ihn gewöhnt. In trauriger Dialektik verkehrt sich die direkte Abbildung der Greuel in Bildsensationen, in Bildikonen, die nicht zeigen können, was sie zeigen wollen. Der Fotograf, der Kriegsgeschehen so dokumentiert, ist nicht neutraler Beobachter, sondern Komplize. Die militärischen Mörder, egal welcher Seite, rauben dem Menschen Leben, Arbeit, Familie, Heimat und Glück. Der Chronist mit der Kamera raubt ihnen, sie ein zweites Mal plündernd, die Würde. In Illustrierten, bunt in Werbung und Unterhaltung verpackt, liegen die Leichen auf den Familientischen und Ladentheken und werden übersehen. Wahres Leiden wird zur Ware Information.

Claasens Bilder hingegen sind durch die präzise Ausblendung des mensch-

lichen Extrems und der Vermeidung visueller Exzesse persönlich gekennzeichnet. Die programmatische Zurückhaltung vor dem Abbild toter Menschen beschönigt nicht das Kriegsgeschehen, sondern bewahrt etwas von spürbarem Grauen, das seine bloße Verdopplung ins Bild nicht dulden will. Grauen soll nicht mehr sein. Erst so sind diese Bilder human. Sie helfen dem Betrachter die Angst des Gedankens, der sich der Erinnerung der Barbarei stellen will und der vom Schock und der Verdrängung bedroht ist, zu besänftigen. Sie machen Mut, sich das ganze Ausmaß vorzustellen, das sie nicht zeigen, auf das sie aber gerade durch das Ausblenden doch hinweisen. Abstumpfen können Hermann Claasens Aufnahmen ihren Betrachter nicht, weil sie nicht versuchen, ihn zu überrumpeln. Nur übersehen kann man sie, wie man es in den letzten vier Jahrzehnten gründlich versuchte.
Wie bei allen Fotografien so stimmt auch hier der Einwand, sie entpolitisierten ihren Gegenstand, raubten ihm im Abbild des konkreten Augenblicks die geschichtliche Dimension. Der Einwand ist prinzipiell wahr und dennoch hier nicht stichhaltig. Daß die Bilder vom Krieg die Frage nach der Politik, die zu ihm führte, nicht stellen, ist nicht ihre Schwäche, sondern Teil ihrer Wahrheit. Sie zeigen, daß Politik, die in Krieg umschlägt, eben nicht die Fortsetzung der Politik mit anderen Mitteln ist, sondern das Ende aller Politik. Wer hier nach Politik fragt, statt sich den Bildern und ihren traurigen Inhalten zu stellen, der weicht aus. Die Frage nach der Politik ist wichtig als Hinweis auf eine der Grenzen des Mediums, nicht aber als Denunzierung einzelner Fotografien. Die Sprache des Mediums ist einfacher und archaiischer. Sie zeigt etwas, was sie nicht selbst versteht und schon gar nicht erklären kann. Sie zeigt Augenblicke, die verstanden werden wollen. Hier setzt die Aufgabe der Betrachter ein, ohne die diese Fotografien nichts sind als Stücke belichteten Fotopapiers.

Hermann Claasens Fotos sind altmodisch. Sie sind Dokumente eines Abschieds von der Stadt Köln, in der der Fotograf bis zum Augenblick seiner Aufnahmen über vierzig Jahre gelebt hatte, die er liebte und die es heute nicht mehr gibt. In diesem Aspekt sind sie nicht nur zeitgeschichtliche Dokumente, sondern sehr persönliche, von Gefühlen getragene Zeugnisse einer Trauer über einen Verlust.

Man sollte diese Bilder im Zusammenhang mit den großen deutschen Dokumentarfotografen aus der ersten Hälfte dieses Jahrhunderts sehen. Friedrich Seidenstücker hielt Berlin zwischen Weimar und Hitler fest. Walter Ballhause zeigte Hannover im Umbruch des heraufziehenden Faschismus. August Sander porträtierte die Menschen seiner Zeit, die vor allem die Zeit zwischen zwei Weltkriegen war. Hermann Claasen entwarf das Porträt einer Region am Wendepunkt der Geschichte. Allen gemeinsam ist, daß sie das Bild einer vergangenen Zeit in verschiedenen Aspekten belichteten, die ohne ihre Arbeit schon vollständig verschwunden wäre. Claasens Bilder werden sicher ihren Platz in der Fotogeschichte finden.

Diese Bilder verändern den Blick, mit dem man die Stadt wahrnimmt. Hat man sie einmal gesehen und geht man danach mit offenen Augen durch die Straßen, deren Namen so lakonisch unter den Aufnahmen notiert sind: Hohe Straße, Schildergasse, Breite Straße, Budengasse, Apostelnstraße etc., dann sieht man, daß Köln nicht nur die Domstadt am Rhein ist, sondern eine wiederaufgebaute Ruine.
Es wird einem auffallen, daß in der Altstadt fast nichts mehr alt ist. Selbst die romanischen Kirchen sind erst in den 50er Jahren wiederentstanden. Die alten Häuser sind zumeist nur rekonstruierte Fassaden. Wirklich Altes existiert nur noch bruckstückhaft, verstreut zwischen Neubauklötzen, die diese Innenstadt beherrschen. Man wird die Stadt mit anderen Augen sehen und erkennen, daß das, was man immer noch als vitale und beeindruckende Stadtarchitektur erlebt, nichts ist als eine riesige Folge von Narben über der historischen Wunde, die der Krieg dieser Stadt geschlagen hat. Keine Straße der Innenstadt hat auch nur eine geschlossene Fassadenreihe bewah-

Köln: 1949

ren können. Schöne alte Häuser existieren nur als Einzelstücke. Und man wird plötzlich auch die immer noch offenen Wunden entdecken, die Lükken zwischen zwei Häusern, die Parkplätze mit unebenem Boden, über die man sich dann nicht mehr freuen kann, wenn man sie als das durchschaut, was sie sind: Trümmergrundstücke. Das alte Köln ist eine verlorene Stadt. Das Köln, das wir heute sehen können, ist ein Neubau über der Trümmerlandschaft, die die Bilder zeigen.

Und vielleicht geht einem denkenden Beobachter auch auf, daß dies alles das Werk so altmodischer Waffen wie TNT oder Phosphorbrandbomben ist, der Zerstörungsinstrumente, die man heute mit der ganzen Kraft moderner Beschönigungsfloskeln „konventionelle Waffen" nennt. Die modernen Waffen könnten es besser. Köln traf kein Napalm. Die Innenstadt wurde nicht von Atom- Wasserstoff- oder Neutronenbomen pulverisiert. An Claasens Bildern kann man sehen, wie gefährlich die neueste Masche fixer Politiker ist, die versuchen, die sich rasch ausbreitende vernünftige Angst vor den nuklearen Zerstörungskapazitäten umzuleiten in eine Umrüstung auf konventionelle Waffensysteme. Claasens Bilder sind schlechte Empfehlungen für solche Politik. Gegen Aufrüstung hilft weder Nach- noch Umrüstung. Gefahren werden so nicht kleiner. Plötzlich bekommt das Vokabular, an das uns die öffentliche Diskussion über „Sicherheit" wieder gewöhnen will, das Reden vom „Ernstfall", wieder ein ekelhaftes, staubiges Ruinengesicht. Zu sehen ist es auf den Dokumentarfotografien dieses Kataloges, die nichts mit Wortblasen verdecken, sondern nur stumm registrieren, was eine Generation vor uns erleben mußte.

Aber der Blick geht nicht allein zurück in die Geschichte, er ist auch ein Blick nach vorn: eine Warnung. Ein bißchen wird spürbar von der Illusion der Informiertheit. Es ist zweierlei, von einem Krieg zu hören, ihn in täglichen Kleinstrationen auf dem Frühstückstisch serviert zu bekommen oder ihn abends vor dem Fernseher in flüchtigen Minutenbildern entgegenzunehmen, denen garantiert immer der Tranquilizer Unterhaltung nachgeschoben wird. Leicht übersieht man — wohlinformiert über die neuesten Saison-Schlachten der Welt —, daß da blühende Städte und wirkliches Leben in wenigen Stunden in Schutt, Asche und Tod gelegt werden.

Man braucht die stehenden Bilder der Fotografie, so anachronistisch sie sich auch neben den neuesten Medien ausnehmen mögen, um sich ein Bild machen zu können von dem, was man täglich hört, sieht und informiert, doch nicht versteht. Warnungen kann man übergehen, aber man kann nicht sagen, wir wären nicht gewarnt: „Nach dem nächsten Krieg gibt es nichts mehr zu fotografieren." (H. Claasen)

Jan Thorn-Prikker

West-Beirut: 1982

Bildnachweis: Vorwärts 12. 8. 1982

Katalog

Köln, Alte Eisenbahndirektion, 1946

Köln, Dom von Süden, ca. 1944

Köln-Lindenthal, ca. 1943

Köln, Aachener Straße: Wehrmachtsfahrzeug mit Flüchtlingen, 1945

Köln, Neumarkt: Erster Tagesangriff, 1944

Köln, Heumarkt, ca. 1946

Köln, Alter Markt: Erster Karneval, 1949

Köln, Breite Straße: Nach dem Angriff, 1944

Köln, Theresienstraße: H. Claasen sen., 1944

Köln, Minoritenstraße, 1942

Köln, Bachemer Straße: Elternhaus des Fotografen, 1944

Düren, Innenstadt, 1946

Köln, Weberstraße: Behelfswohnungen, 1944

Düren, Innenstadt, 1946

Köln, vor Groß St. Martin, ca. 1946

Köln, Ritterstraße, ca. 1947

Köln, Gertrudenstraße, 1944

Köln, Schildergasse, 1946

Köln, Apostelnstraße / Ecke Ehrenstraße, ca. 1944/45

Köln, Apostelnstraße, ca. 1944/45

Düren, Innenstadt, 1946

Köln, Propagandaplakat, 1944

Köln 1945, vom Dom nach Südwesten blickend

Köln, vor dem Dombunker, 1944

Köln, Breite Straße 165: Atelier Hermann Claasens am 31. Mai 1942

Köln, Breite Straße 165: Atelier Hermann Claasens, 1947

Köln, 1948

Köln, Aufräumarbeiten, ca. 1946

Köln, vor dem Dombunker, 1944

Köln, vor dem Dombunker, 1944

Köln, 1947

Köln, Kohlenklau „Fringsen", ca. 1946

Köln, Ursulinenschülerinnen, 1948

Köln, 1948

Köln, 1948

Köln, Kohlensammler, ca. 1947

Köln, alte Männer und junge Frauen bei Aufräumarbeiten, ca. 1947

Köln, Hamsterer, ca. 1947

Köln, Heimkehrer, ca. 1947

Jülich, Notunterkunft, 1946

Jülich, Hamsterer, 1948

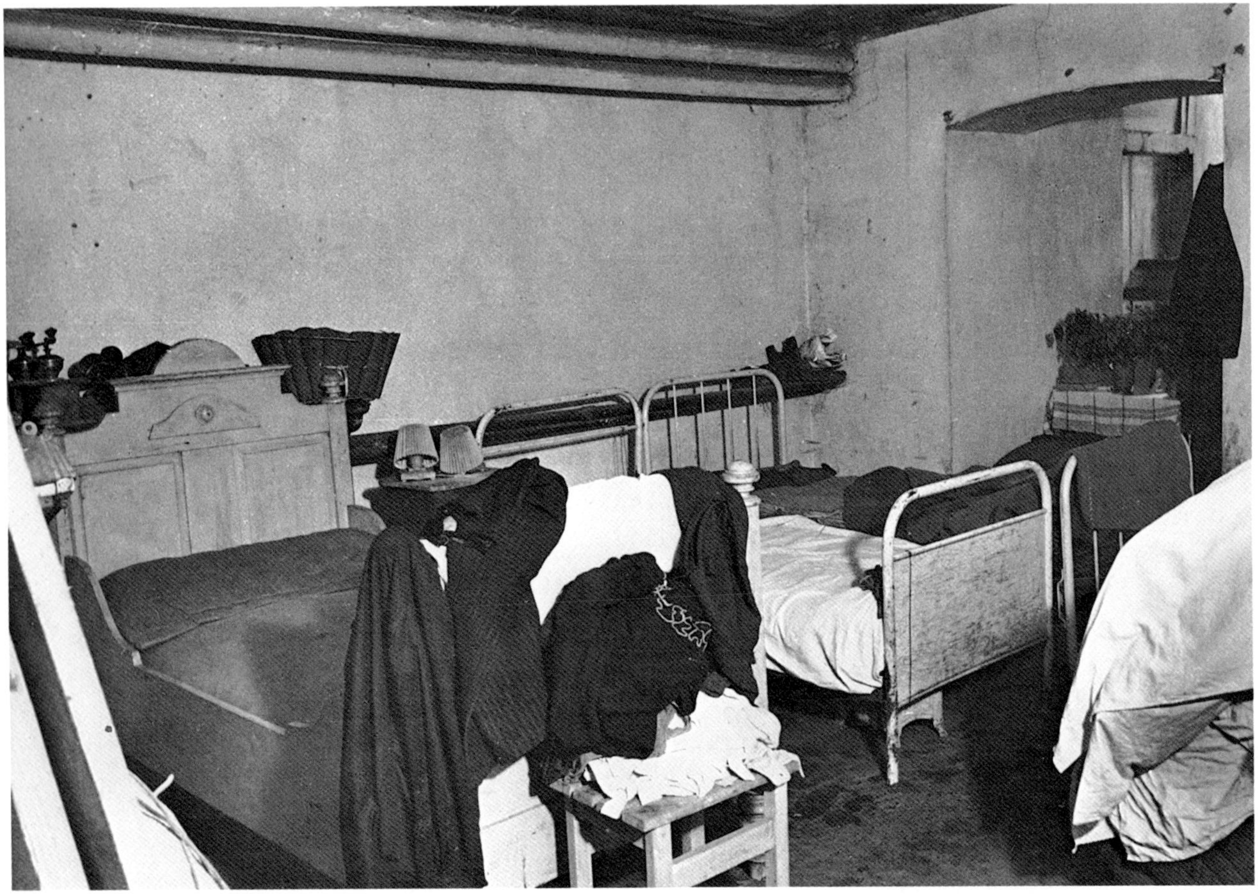

Jülich, Notunterkunft, 1946

Jülich, Notunterkunft, 1946

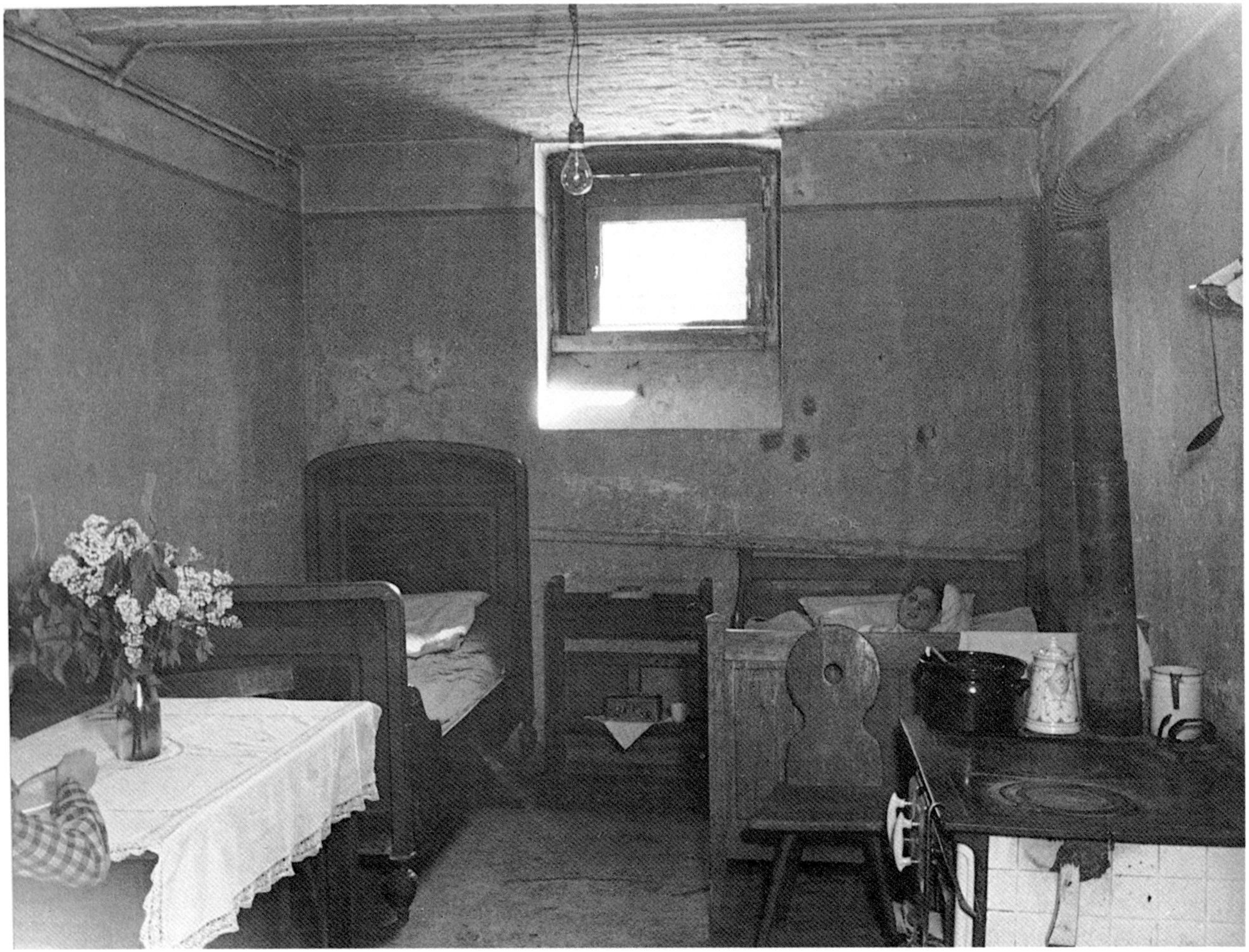

Jülich, Notunterkunft, 1946

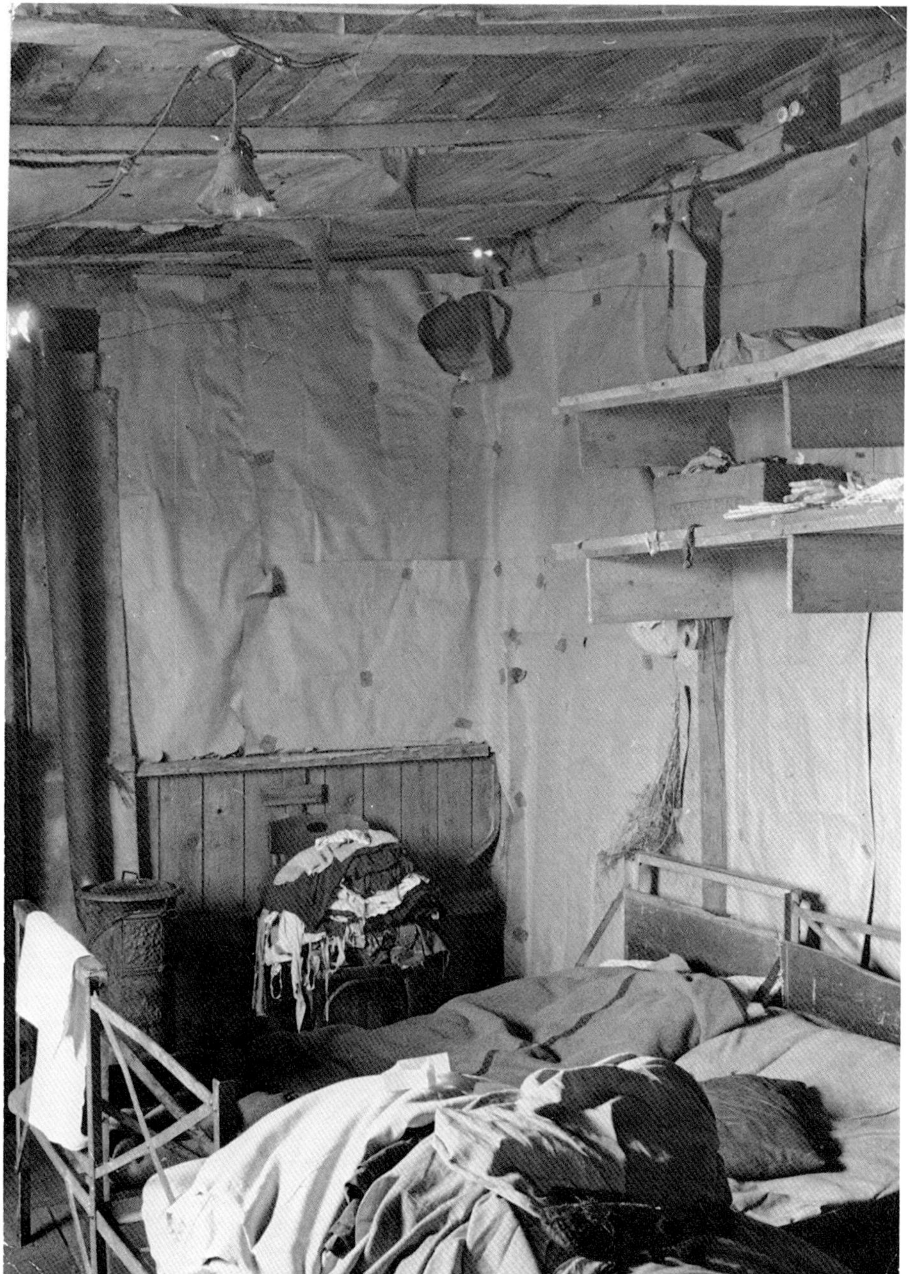

Jülich, Notunterkunft, 1946

Hürtgenwald, nach Minensucharbeiten, 1946

Hürtgenwald, Kampfstellung „Wilde Sau“, 1946

Hürtgenwald, 1946

Hürtgenwald, 1946

Hürtgenwald, 1946

Düren, Friedhof, 1946

Düren, Innenstadt, 1946

Düren, 1946

Köln, Schwarzhändler am Eigelstein, ca. 1947/48

Köln, Hohe Straße, ca. 1946

Köln, erste Gaststätte, ca. 1947

Köln, ca. 1947

Köln, Hohe Straße, 1948

Düren, Schenkelstraße, 1946

Köln, Musikgruppe „Rabaue", 1950

Köln, Hohe Straße, ca. 1949

Köln, Alteburger Straße, 1948

Köln, Eichstraße, 1948

Köln, Schwarzhändler, 1947

Köln, 1956

Köln, Propagandaplakat vor Trümmern, 1944

Köln, Volkssturm-Aufruf mit abgekratzten Namen, 1944

Hermann Claasen (Foto: Friedrich Riehl)

Geboren am 20. 12. 1899 in Köln. Vor dem 1. Weltkrieg erste Fotografien mit einer aus einer Zigarrenkiste und Brillenglas gebauten Kamera. Festnahme 1914 unter Spionageverdacht, als er mit diesem Gerät vom Deutzer Rheinufer aus Köln fotografierte. Nach dem Zusammenbruch des elterlichen Textilgeschäfts, in dem Hermann Claasen arbeitete, Sprung in die Berufsfotografie.

Als im Winter 1927/28 der Rhein zufror, Aufnahmen von Eisgängern, die Claasen auf der Hohe Straße von Arbeitslosen verkaufen ließ.

In den dreißiger Jahren Porträt- und Werbefotografie. Seit 1930 Beschäftigung mit Farbfotografie. Farbreproduktionen von Bildern aus Kölner Museen und Kirchen. Nahezu gesamte Vorkriegsproduktion ging am 31. Mai 1942 im Bombenhagel verloren.

Wegen einer Gehbehinderung nicht wehrtauglich, verbrachte Claasen den zweiten Weltkrieg, ebenso wie den ersten, in Köln.

Heiratete die Kölner Fotografin Ria Dietz, die lebenslang seine wichtigste Hilfe war.

Als während des Krieges ein Kölner Fotogrossist bankrott machte, deckte sich Claasen reichlich mit fotografischem Material ein. Auf diese Weise kein Materialmangel bis in die ersten Nachkriegsjahre.

Während des Krieges kletterte er mit seines Leica im zerstörten Köln herum und fotografierte mit verborgener Kamera Ruinen und Menschen trotz strengen Fotografierverbots. Kein Gedanke an eine Publikation der Aufnahmen. Erst nach dem Kriege entdeckte Josef Rick die Bedeutung der Bilder und besorgte das Buch „Gesang im Feuerofen“ 1947 beim Verlag Schwann, Düsseldorf (4. Auflage 1980).

1947 Ausstellung „Köln — Tragödie einer Stadt“ im Kölner Eigelsteintor.

Bekanntschaft mit Konrad Adenauer, der sich im In- und Ausland für die Verbreitung seines Buches einsetzte. Claasens Adenauer-Porträts wurden für Wahlkämpfe verwendet, danach zahlreiche Aufnahmen von Prominenz aus Politik und Kultur.

Kurz nach dem Krieg Auftrag des Dürener Landrats Armin Renker, die Zerstörung von Düren, Jülich und Hürtgenwald zu fotografieren. Daraus ging die Broschüre „Verbrannte Erde“ hervor, die 1947 im Verlag „Deutsche Glocke“ erschien.

Beteiligung an der ersten „Photokina“ 1950 und danach mehrfach.

Edward Steichen nahm ein Kölner Bild von Hermann Claasen in seine Ausstellung „The Family of Man“ auf. Berufungen in DGPh und GDL.

In den fünfziger und sechziger Jahren weiterhin Industrie- und Porträtfotografie, bis er 1970 sein Studio aus Altersgründen aufgab.

In den letzten Jahren mehrfach Verhandlungen mit den Kölner Museen wegen der Übernahme des Archivs, bisher ergebnislos verlaufen.

Ausstellungen

1947 Eigelstein-Torburg, Köln
1981 „Galerie T“ von Wilfried Täubner, Kürten bei Köln
1982 Rathaus, Köln
1982 Leopold-Hoesch-Museum, Düren
1983 Rheinisches Landesmuseum Bonn.